EN / IN FRANCE

ALBERT RUSSO • ERIC TESSIER
WILLIAM SHAKESPEARE • VICTOR HUGO & CO.

PHOTOGRAPHY BY ALBERT RUSSO

ISBN: Softcover 978-1-4134-8670-4
Hardcover 978-1-4134-8671-1

Library of Congress Control Number: 2005901178

Print information available on the last page

Rev. date: 11/08/2019

To order additional copies of this book, contact:
Xlibris
1-888-795-4274
www.Xlibris.com
Orders@Xlibris.com

le temps s'envole
et s'inscrit dans la pierre

time
and time again
stone
by stone

les arbres se dénuderont
me laissant apercevoir
la concertante graphie
de cent archets de violon

from my winter cell
the naked tree
with its hundred violin bows
will rehearse its mute symphony

bleu cobalt, d'âme bleu
tu te voiles de linceul
gardant seule pour toi
cette douceur lascive
que je blâme

eyes that tell tales
blurred like Monet's reflections
or sharp as a laser beam

bourgeois gentilhomme
souriant à une précieuse

Molière winking at posterity

de son balcon
la jeune fille assistera
au ballet vespéral
des mouettes

a young girl will appear
at her balcony
for the evening show
of the seagulls

Rêve fleuri d'une barque

A boat in its wedding gown

La légende des siècles

you gulp down the golden fleece
turning my hopes into wax dreams

l'amour à mort

instruments of love and torture

Présence spectrale

listen to that faint whisper of the waves

de l'autre côté du pont
il y a Deauville
qui fait son cinéma

across the bridge
they're celebrating
the American film festival

Les gardiens du temple

friend or foe?

Pleurant la perte du chevalier, son maître

Lamenting the death of the knight, his master

rituel de théières

teapot ritual

De la musique avant toute chose
Et pour cela préfère l'Impair
Plus vague et plus soluble dans l'air,
Sans rien en lui qui pèse ou qui pose

ALBERT RUSSO

awaiting his turn,
the handsome drummer
has a tender thought
for his lover

entendez comme le vent siffle
le long des murs!

can you hear the murmurs from the sea?

la beauté rageuse des courbes

symphony in wrought iron

toute vie est sacrée
l'homme aussi bien que le lys

where are the modern saints
or rather, who are they?

un coeur à l'étroit

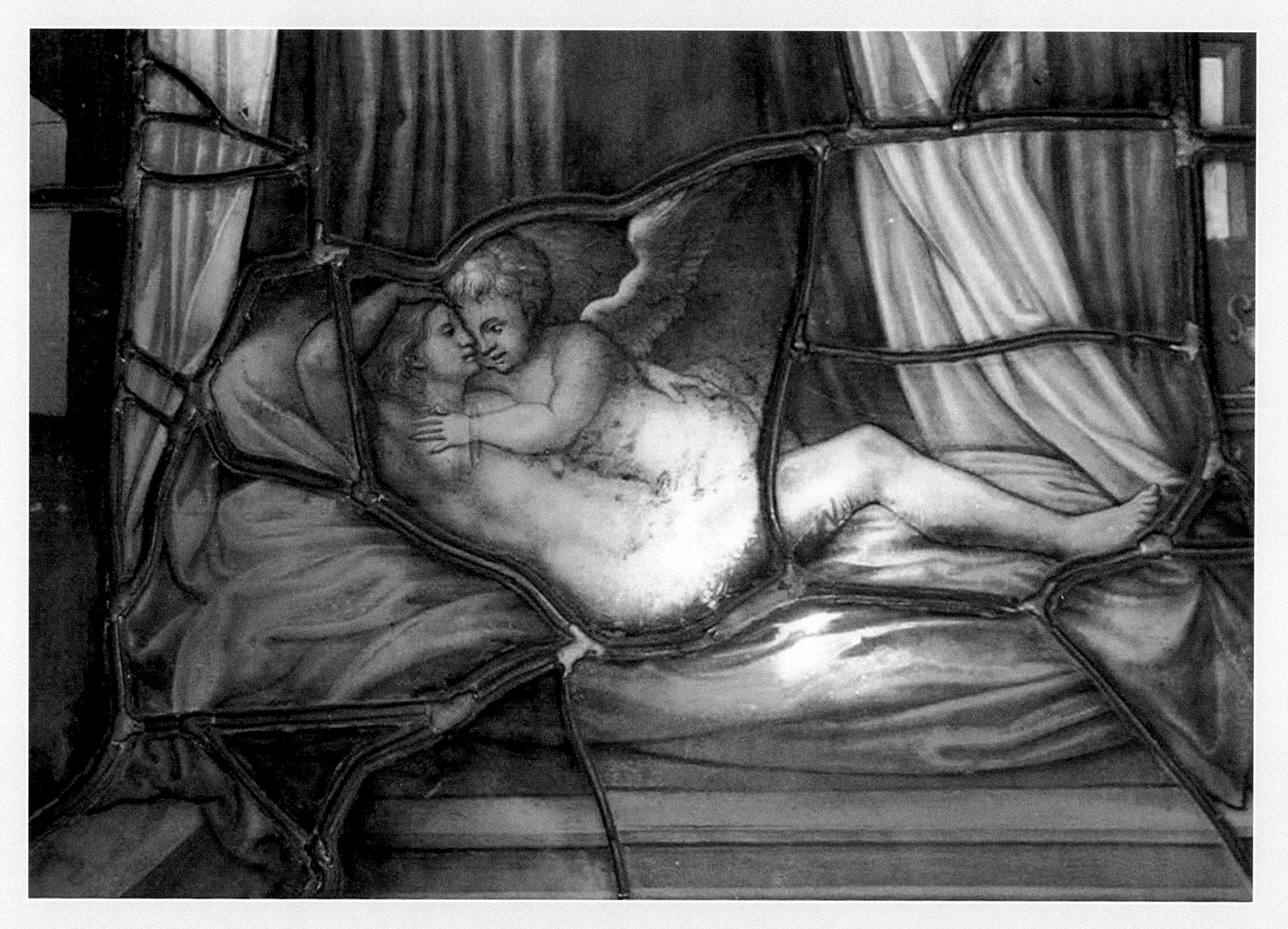

the heart cannot contain it all

érotisme et innocence

unavowed secrets
beneath that benign smile

Assez de funestes batailles
Et de carnages inhumains
Ont fait en nos propres entrailles
nos déloyales mains

ALBERT RUSSO

are men doomed
to be eternal warriors?

ANDRÉ CHÉNIER (1762-1794)

Comme un dernier rayon, comme un dernier zéphyre
Anime la fin d'un beau jour
Au pied de l'échafaud, j'essaie encore ma lyre

ALBERT RUSSO

Apotheosis
or could it be
our planet's last breath?

Faut-il vraiment que je choisisse
entre la blanche, suprême,
et la pourpre, royale?

Don't ask me which one I favor
your question would be indecent

La révérence des arbres

green embrace

A L F R E D   D E   V I G N Y   (1 7 9 7 - 1 8 6 3)

Le fleuve aux grandes eaux se range quand je passe
Et la voix de la mer se tait devant ma voix

A L B E R T   R U S S O

In the twilight the city kneels
before the mighty river
and the glorious sea

si Brueghel nous était conté

on a frozen pond
in the Bois de Boulogne

baiser gelé
du crépuscule

the sun's frostbitten kiss

rouge comme le coeur,
comme l'espoir
de nouveaux horizons

red like the heart,
like the anticipation
of new adventures

si près du ciel
ou est-ce de l'enfer?

the shadow of God
or is it the threshold of hell?

Complices

Intimate pals

du bout des doigts

magic fingers

je l'ai nommée Sérénissime
comme la Cité des Doges
royaume des chats

Serenissima is her name
like the City of the Doges
which is the kingdom of cats

patiner sur la glace
nom d'un homme
quel plaisir!

having a whale of a time
on that frozen lake
wow ... woof!

JACQUES GRÉVIN (1538-1570)

Délivre-moi, Seigneur, de cette mer profonde
Où je vogue incertain, tire-moi dans ton port,
Environne mon coeur de ton rempart plus fort,
Et viens me défendant des soldats de ce monde.

ALEXANDER POPE (1688-1744)

Vital spark of heavenly flame!
Quit, o quit this mortal frame.

HONORAT DE RACAN (1589-1670)

Dans quelque tourmente où ma barque s'égare,
je n'invoque jamais d'autre dieu que l'Amour.

HENRY WADSWORTH LONGFELLOW (1807-1882)

The tide rises, the tide falls,
The twilight darkens, the curlew calls

CHARLES BAUDELAIRE (1821-1867)

Je suis belle, ô mortels,
Comme un rêve de pierre

WILLIAM BLAKE (1757-1827)

He who bends to himself a joy
Does the winged life destroy
But he who kisses the joy as it flies
Lives in eternity's sunrise

PAUL VERLAINE (1844-1896)

Ah! les premières fleurs, qu'elles sont parfumées
Et qu'il bruit avec un murmure charmant
Le premier oui qui sort de lèvres bien-aimées!

LORD TENNYSON (1809-1892)

Dark house by which once more I stand
Here in the long unlovely street
Doors where my heart was used to beat
So quickly, waiting for a hand

ALPHONSE DE LAMARTINE (1790-1869)

On entend dans l'espace
Les choeurs mystérieux
Ou du ciel qui rend grâce,
Ou de l'ange qui passe,
Ou de l'homme pieux!

CHARLES KINGSLEY (1819-1875)

When all the world is young, lad,
And all the trees are green,
And every lass a queen,
Your blood must have its course, lad,
And every dog his day.

LECONTE DE LISLE (1818-1894)

Montez, saintes rumeurs, paroles surhumaines,
Entretien lent et doux de la terre et du ciel!
Montez, et demandez aux étoiles sereines
S'il est pour les atteindre un chemin éternel.

WILLIAM SHAKESPEARE (1564-1616)

All the world's a stage
And all the men and women merely players;
They have their exits and their entrances;
And one man, in his time, plays many parts,
His acts, being seven ages.

STÉPHANE MALLARMÉ (1842-1898)

Nous naviguons, ô mes dives
Amis, moi déjà sur la poupe
Vous, l'avant fastueux qui coupe
Le flot de foudres et d'hivers.

LORD BYRON (1788-1824)

These are toys, and as the snowy flake,
They melt into thy yeast of waves, which mar
Alike the Armada's pride or spoils of Trafalgar.

VICTOR HUGO (1802-1885)

D'autres vont maintenant passer où nous passâmes,
Nous y sommes venus, d'autres vont y venir;
Et le songe qu'avaient ébauché nos deux âmes
Ils le continueront sans pouvoir le finir.

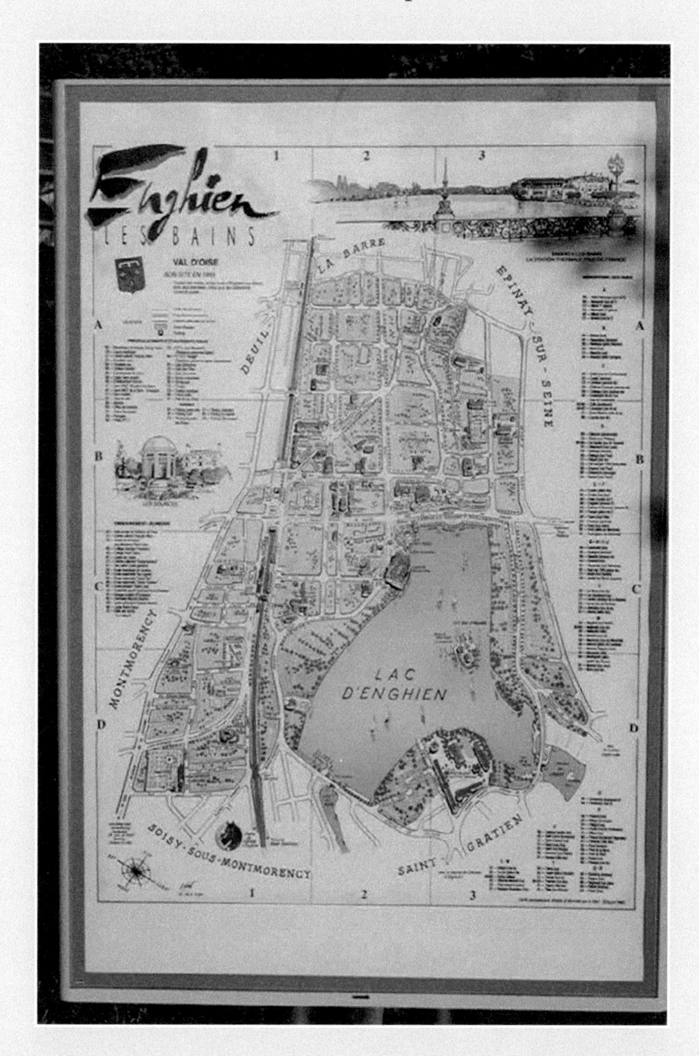

THOMAS GRAY (1716-1771)

Far from the madding crowd's ignoble strife
Their sober wishes never learn'd to stray;
Along the cool sequester'd vale of life
They kept the noiseless tenor of their way.

Je l'avais vu disparaître sous les eaux
Les hommes fouillaient les sous-bois,
Les chiens bavaient, aboyaient, nerveux et excités
J'étais là, debout sur la berge, silencieux
Pourquoi leur dirais-je où était passé le Temps?

I saw it sinking into the muddy waters of the lake
Now the men are chasing it through the woods
Dogs are barking in the night and
I'm standing there, alone, still and silent
Why should I tell them where time has disappeared?

Fils de la rue, petit bâtard,
Alerte et vif, curieux toujours,
Milou en titi parigot flairant la main de Tintin
En amitié fidèle.

What's your breed, little doggie,
King of the street?
A mongrel, son of a mongrel...
What a faithful friend you are!

Nous rêvions toi et moi,
Sur les bords de la Seine, à Rueil-Malmaison
Bercés par le doux balancement de la barque amarrée
Sous le regard bienveillant de Jean Renoir.

We were dreaming,
Your head on my shoulder
Along the banks of the river Seine
Eternity was before us

Sur les pavés résonnent les roues cerclées du carrosse,
Serrés l'un contre l'autre sur le velours du siège,
En crinoline, Constance, tu me souris,
Amour ravi qui avec moi s'enfuit.

The sound of boots hitting the cobblestones
Echoed in the narrow street; someone was running after us
Was it a thief or just your outraged husband? Don't you worry,
Constance, my dear, love will give us wings!

Au pied de son hôtel, ce jour-là, précisément,
Si banal, unique pourtant, un moment de tendresse
Un instant furtif d'éternité gravé en moi:
La première fois qu'une femme m'a dit: « Je t'aime. »

Nothing had changed but everything was new
The sea, the beach, the sun – even my friends
Oh my! for the first time of my life,
A girl had whispered in my ear: I love you.

Pirate sur la Nef,
Pirate, pas flibustier non, jamais inféodé,
Fou, fou mais libre - et fier, même si risquant les fers,
Car écumant les mers par la seule force de la volonté.

Running the oceans
Chasing the English or attacking the Spanish
From Saint-Malo to Barbados
A free man may die a thousand times.

Méditation, je suis la pierre
Une simple dalle sur laquelle passent des sandales usées
Un banc sur lequel on s'assied
La sérénité d'un lieu où le temps est aboli.

I sat on the bench – I remember it well
It was in August, 1257
How many centuries have passed since that day
When peace gently took my mind in its hands?

L'énigme de la vie,
Surgie du fond des âges, une créature mythique
Bien plus réelle que nous,
L'expression de notre esprit, cependant que notre corps pourrit.

They said it was a mythical creature
A monster born from a twisted imagination
It was just a mirror, reflecting our true persona
More real than reality

C'est sous les combles
Une chambre minuscule où je te retrouve,
Durant ces longs après-midi langoureux
Où le soleil, au travers des carreaux, alanguit nos corps nus.

The bigger the house, the smaller our nest
Up in the attic, a tiny bed was our world
Happy explorers, each day we were discovering
New continents: our bodies.

Rien d'autre qu'une rose,
Pétales ouverts
L'odeur de la terre et le parfum de la fleur
La vie, la mort, qu'importe!

Nothing but a rose
A world in itself
The smell of wet earth and, above all, the scent of a flower
Life, death, who cares?

Pèlerin au terme du voyage
Dans le ciel plane la cité de Dieu
Est-ce un asile ou une forteresse?
N'a-t-on pas dit que toujours on doit abattre les citadelles?

Pilgrim, this is the end of your journey
Here is the city of God
But what's that fear in my mind?
Is it a church or a fortress?

Promenons-nous sur les quais
Peut-être rencontrerons-nous quelque ami
Le capitaine et son équipage ou
Sortant d'une taverne, un mort reconnaissant.

Let's take a walk on fisherman's wharf
Maybe we'll meet some friends
The captain and his crew
Or, walking out of a tavern, a grateful dead.

Me suivrais-tu si je te bandais les yeux?
Marcherais-tu à mon côté si je te prenais la main?
Te guidais vers on ne sait quoi?
Elle reste là, silencieuse, comme si elle n'avait pas entendu
Juste, elle penche la tête en arrière pour m'offrir son visage.

Would you trust an angel?
Would you let him blind you?
She didn't answer, offered her face to the wind
unperturbed
She knew she was about to meet her destiny.

Odeur des dimanches matins
Le rôti au four qui cuit
Le poulet sur la broche qui embaume
Illuminent nos papilles.

Sunday morning in Normandy
The meat roasting in the oven
The smell of chicken wafting from the butcher's shop
And our buds atingling.

Oh! les pals de Vlad Dracul
Vlad l'empaleur sur les toits de nos cités
Mais les cadavres, peut-être par pudeur,
N'y restent pas embrochés.

Are the stakes on the roof of our houses
Here to impale Vlad Dracul's victims?
But the corpses have disappeared
Is it discretion or modesty?

Chien de l'enfer surgi de la pierre
Je me retourne vivement
D'un geste le stoppe net
Soudain emprisonné dans le mur il gronde
Mais je suis seul à l'entendre.

The keeper of the gate
between heaven and hell
Imprisoned in the wall; someone says:
"I saw it running free through the land"
But who would believe a dead man?

Amour cubiste, dit-elle
Te voir tel que tu es
Pas tel que tu te montres
Te voir, te savoir et t'aimer.

Loving you as in a cubist painting, she said
Seeing you as you are
Not how you want to be seen
Seeing you, knowing you and loving you.

Vivre la vie des cygnes
Sur le lac d'Enghien, sous le soleil
Ou dans la lumière des réverbères
Etre, juste pour une fois, simplement être.

To live a swan's life
To swim on the lake of Enghien
To be, just for once
To be and nothing more!

Aliénor, reine de France
Ou Marie, mère de Jésus
Ou Pascale, Claire, Claudine – qu'importe!
Qu'y a-t-il de plus précieux au monde qu'une mère?

Alienor, queen of France
Or Mary, holy mother of the savior
Or Brenda, Courtney, Phoebe – does it matter?
Is there anyone more precious on earth than a mother?

Ils marchent. Un homme, une femme.
Si banals. Une femme, un homme. Rien d'autre.
Rien d'autre que toi et moi.
Tout l'amour de la terre.

They walk. A man and a woman.
So very banal. A woman and a man. Nothing else.
Nothing else but you and I.
Just the love a person may feel for his / her mate.

Donnez-moi asile!
Les esprits mauvais sont en moi, ils me rongent!
Ouvrez-moi, accueillez-moi
Considérez-moi comme un homme

Give me shelter
Demons are inside me
Open the door and let me in
I'm just a man.

Madame, durant cette chasse
Nous n'abattrons aucun gibier
Ne traquerons ni cerf ni sanglier
Il s'agit juste de vous offrir la plus belle des fleurs.

Milady, this is a special hunting day
But we won't kill any game
No stags, no wild boars
I just want to give you this lovely flower.

Chaque jour, à chaque battement de mes paupières
Le monde naît, vit et meurt
La vie n'est qu'illusion, un rêve
Qui coule entre nos doigts comme l'eau ou le sable.

Everyday, in a wink
I see you, alive and already dead
Your pain and fear in my body I take
Everyday I wish my love could soothe you.

Voici donc ton château, ma Belle, ma fée
Il est magnifique! Mais puis-je te dire
Qu'aucun de tes attraits
Ne vaudra jamais l'amour tout simple d'une vraie femme?

Is it your castle, Sleeping Beauty?
How beautiful! But may I say
None of the wonders you have to offer
Matches the simple love of a true woman.

Des lumières dans la pénombre
La danse intemporelle des âmes disparues
Il y a ici tant d'espoir, tant d'humilité
Qu'on reste là, saisis, émus.

Sacred lights in the darkness
This is the dance of the dead souls
As long as the candles burn
Humanity is alive.

Il y a le sang de la terre
Ce vin si rouge
Et puis les sens de la passion
Distillés à partir des meilleurs fruits du pays.

Red wine is the blood of the earth
And from the fruits
Comes the passion
Calvados or how to put fire in a bottle.

Dans l'eau boueuse j'ai plongé
Oh! pas Narcisse
Ni même suicidé
Tout simplement poisson.

Into the water I dove
Oh! I'm no Narcissus
And wouldn't even think of killing myself
I'm just a fish.

Où sont les spectres? A droite, à gauche?
Par où aller pour éviter une fâcheuse rencontre?
Comme si l'on ne savait pas
Que les fantômes traversent les murs!

How can we avoid those ghosts?
Where should we go? To the left or to the right?
I'm afraid there's no place to hide
No wall can stop a ghost.

Qui donc préfèrerait le vin
La bière ou bien encore le thé
Ou le café
Alors qu'existe la dynamite?

Have a cup of coffee. Or tea.
A glass of beer or maybe wine.
But if you're really thirsty
Take this bit of dynamite?

Le plus beau livre de la terre
Un vitrail; une de ces histoires qui
Consolent les hommes de leur condition
Un baume pour le cœur.

The finest book in the world:
A rose window; it tells a story
That comforts every human being
More powerful than death itself.

La maison sent l'air marin
A l'intérieur il fait frais
Dehors le soleil tape
Tout à l'heure nous irons à la plage.

Through the window comes the smell of the sea
the room feels cool
Outside the sun is beating down.
In an hour or two we'll go to the beach.

Résonne parfois dans ma tête une cloche
C'est la raison qui m'avertit:
Attention tu vas encore faire des folies
Et puis la folie me sourit...

Sometimes a bell tolls in my head
It is the voice of reason: you're going mad
What else can I say but: as long as I'll love madness
I shall remain alive.

Des escargots, une sole meunière
Cuisine au beurre, de la crème fraîche
Une escalope, des pommes au four
Misérable celui qui attend d'avoir faim pour manger!

Today's special: snails and sole meunière
The holy art of cooking
Escalope, fresh cream and steamed potatoes
How miserable those who need to be hungry to eat!

Chevalier de Maison-Rouge
Un duel nous attend
Mais qui sont ces gens et ce temps
Que nous ne reconnaissons plus?

I am the Knight of Maison-Rouge
My sword frightens every coward who dares cross my way
But why do I feel so estranged
In a time where I don't belong?

Qui donc a déchiré la maison?
Comme un sparadrap qu'on arrache
La peau et les poils sont venus avec
Que reste-t-il des générations qui se sont succédées ici?

Scraps of old wallpaper
Like the yellowed photos of a family album
Such an obscene picture
Waiting to be destroyed.

De ces étranges danseuses
Emane une grâce irréelle, pierreuse
D'aucuns les croient immobiles
Moi je les vois bouger.

Statues? Nonsense!
Don't you see how they dance?
Can't you see how gracefully they move?
Are you a still-life?

Derrière une fenêtre il y a
Une infinité de vies, toutes les possibilités de la terre
Tant de rêves et d'espoirs
Mais hélas le plus souvent: la résignation.

What's behind a window?
So many lives to live, an infinity of worlds to conquer
So many dreams and hopes
But alas mostly resignation.

Voyage entre parenthèses
Le crépuscule sur le port
La fraîcheur du soir
La douceur de tes lèvres.

A pause in the journey
Sunset over the harbor
A cool evening on board
And the sweetness of your lips.

Dans le brouillard s'estompait
L'alignement des lanternes
Ce n'était pas le soir qui tombait
C'était moi qui... moi qui...

Limousines, a maître d', ladies in furs
It all appeared in a mist
No, it wasn't the sun setting
It was I who... I who...

AUTEURS VIVANTS/LIVING AUTHORS

Albert Russo a écrit de nombreux romans, ainsi que des recueils de nouvelles et de poésie, en français et en anglais. Son oeuvre a été traduite dans une douzaine de langues. En France, ses derniers livres sont publiés aux éditions Hors Commerce, dont *L'ancêtre noire* et *La Tour Shalom.* Son site littéraire: www.albertrusso.com

Albert Russo has written many books in English, published by Domhan Books and Xlibris, namely *The Age of the Pearl, Beyond the Great Water, Oh Zaperetta! and The Benevolent American in the Heart of Darkness.* His fiction and poetry appear in English and in French around the world; his work has been translated into a dozen languages. His literary website: www.albertrusso.com

ooo

Eric Tessier est l'auteur de 3 recueils de nouvelles parus aux éditions Editinter et Rafael de Surtis. Il dirige la revue *La Nef Des Fous.*

Eric Tessier has published several collections of short stories in French. He is the editor of the literary magazine *La Nef Des Fous.* He also contributes regularly to *The Taj Mahal Review* (India) and to *Skyline Magazine* (NY - USA)

Printed in the United States
By Bookmasters